LE STAGIONI DEL CUORE

Teresa Laterza

COLLANA IRDA

Lulu Press
3101 Hillsborough St.
Raleigh, NC 27607 | U.S.A.

ISBN: 978-1-291-89724-1
Info: www.irdaedizioni.it

Ordini:
www.amazon.com
www.amazon.it
www.lulu.com

Copertina: realizzata da Cristian Verdesca
Direttore editoriale: Francesco Luca Santo

PREFAZIONE

Leggendo l'opera di Teresa Laterza salta subito agli occhi l'intelligenza poetica dell'autrice; intelligenza poetica che è figlia di una profonda quanto umile umanità della stessa che sa ben dialogare con il proprio io senza cadere nel banale, non oltrepassando mai la soglia dell'ovvietà ma arricchendo il lettore con acute osservazioni di sé, del mondo che la circonda con una eleganza poetica strutturale di ottimo livello. Perdersi nel viaggio poetico di Teresa Laterza è navigare in un mondo vivo, reale, mai artefatto ma ben saldo ed ancorato al mondo; un richiamo alla semplicità, vissuta con estrema possanza intellettiva che si libera come un fiume davanti al foglio lasciandosi apprezzare e condividere.
In definitiva un libro altamente positivo e consigliabile agli amanti della buona poesia.

QUEL GIORNO

Quel giorno non sarà poi così lontano...
Non vorrei aspettare ancora immobile
a guardare il sorgere del sole
per poi salutarlo con il cuore in mano.

Insensato, irritante, questo tempo che mi hai lasciato,
sospeso ad osservare la vita mia
sul davanzale dei gesti pazienti
delle deduzioni e dei però.

Nessun dubbio di un certo amore
che ha sorpreso noi travolgendoci,
per poi lasciarci inermi.

Quasi un soffio, un accenno di primavera
di profumi e colori inebrianti per l'animo mio e tuo...
Un regalo per questa vita a volte ingrata
che elargisce e poi toglie con troppa ingenuità.

E i ricordi smorzano il tedio di uno spazio vuoto
dentro me e te.
Assopiti ma mai sepolti da una coltre
di razionalità.

Quel giorno non sarà poi così lontano...
non vorrei aspettassi con la rassegnazione
di un altro domani.

Cesserà la pioggia, il vento,
l'arsura di stagioni immemori solitarie,
compagne di un vagabondo viaggio
di incertezze e folte oscurità.

NOI

Tra i lividi del cuore,
tumultuosi, ormai esili e stanchi
giacciono i pensieri di te.

Nei tuoi occhi, fessure di vita
che non hanno segreti ma solo difese
si perdono i miei timori di donna decisa.

Silenziosa mi tormento con i miei prepotenti perché
di tempi ormai andati, lontani, sbiaditi...
quasi sferzate di gelido vento, voraci incalzavano bruti...

Forgiavano ipotesi.
Ora mi inviti con i tuoi gesti garbati di uomo sicuro...
E lì, nel tuo sguardo, mi perdo, mi unisco, mi fondo.

Non serve parlare mi dici... il passato lasciamolo andare.
Nei tuoi occhi, fessure di vita che non hanno segreti...
mi adagio serena... e tu... tu non hai più difese.

NEI NOSTRI GIOGHI

M'accompagna quel gemito d'amore
in quei luoghi di dolcezze un tempo assidue,
nel rifugio del segreto,
lì a contemplare
di là dall'orizzonte, oltre i ricordi.

Dei nostri scherzi, del prenderci in giro
dicendoci parole dette mai.
Gelosi, dei nostri spazi …
lì, dove solo osano le anime innamorate.

Un rincorrersi, nascondendoci...
E ora cerco perle e tripudi di colori
per far vibrare
l'animo mio e tuo.

Si continua a danzare,
alimentando quel sentimento …
e il desiderio che continuamente sale.
E' un'onda in piena che non si può arrestare.

Presenti, nei nostri giochi come fossimo bambini...
i dispetti, i silenzi...
che rinsaldano quel laccio
dove i poli siamo noi.

Quell'amore che ci unisce all'aurora così al tramonto...
giocherà ancora e ancora, e mai si eclisserà
in quel punto dove cielo e mare
si congiungono come il bacio di due amanti
assetati tra i bagliori e il fragore dei capricci del cuore.

L'INGANNO

Li hai fatti tacere quei burrascosi pensieri.
E l'inquietudine nell'animo tuo
sembra essersi ormai placata.
La bufera pare sia andata via.
Una vittoria meditata!

Trionfante solo a metà.
consapevole di quella verità
che mai potrà tacere
che oggi ti giunge scomoda...
ma che caparbiamente
ti seguirà ad ogni passo,
ad ogni tuo dove.

Non puoi affondare qualcosa che non è affondabile.
L'amore è fatto per volare
per andare lontano, progettare, sognare.
Puoi anche prenderti in giro se vuoi
e giocare a nascondino come quando eri bambino.
Questo tuo inutile affanno,
questa tua corazza... è solo un inganno!

LETTERA D'AMORE

Una promessa, un appuntamento
su questo foglio ancora immacolato
che aspetta, ignaro, di essere decorato,
sfuggendo alla retorica
che il tuo animo rifugge,
come gli animi eletti e capricciosi
che paiono mai accontentarsi.

Ti scriverò, allora, con quel mio modo discorsivo,
smuovendo in te sentimenti mai sopiti
che ci legano a doppio filo nei sentieri della vita.

Non ho ancora scelto le parole
per quel tuo cuore inquieto, malinconico...
vorrei ti arrivasse il calore...
quel mio affetto, l'abbraccio che ti avvolge e riscalda
come il sole sulla pelle che rigenera e conforta.
Come una giornata di primavera dopo il lungo inverno,
il tepore del caldo estivo.

Sarò quella fonte che disseta
dove tu attingerai l'essenza del mio amore
che per te sgorga di continuo.
Sarò quel faro che t'indicherà la via
nei giorni di tempesta...
quell'orsacchiotto spennacchiato
che da bambino ti coricavi vicino.

Sarò quella cioccolata calda,
la tua coperta preferita...
Il balsamo su ogni tua ferita.

UN DONO SPECIALE

Come un temporale d'estate,
la pioggia che rinfresca,
che scivola via leggera...

Come un arcobaleno
con i suoi tanti colori
dopo un diluvio che pareva infinito…

Così, quel tuo abbraccio dell'anima...
mi avvolge... inaspettatamente,
quando, presa dai mille pensieri
del quotidiano scorrere,
per brevi attimi dimentico
la dolcezza del nettare
che dalla tua fonte, libero,
sgorga incessantemente.

E' quella tua parola,
il tuo fare
quel tuo modo di scherzare,
il tuo prenderti in giro.
La tua umiltà,
la semplicità che ti contraddistingue,
il tuo dare...
sei tu, quel dono speciale.

LO SCRIGNO DEI RICORDI

Quando le ombre della sera reinventano il cielo,
dissipandosi nell'oscurità della notte,
e il mondo brulicante s'acquieta,
scie di pensieri riaffiorano alla mente
dove custodite giacciono le emozioni
dal tempo mai sopite.

LE STAGIONI DEL CUORE

...E passano i giorni sul sentiero del cuore,
Una via battuta, sterrata.
Senza polvere né arsura si conserva inalterata.

Gioie, dolori, aspettative... Il dare... l'aspettare.
Sentimenti si alternano come stagioni...
la primavera... il rosa dei fiori di pesco,
l'estate... l'azzurro ed il cielo terso.
L'autunno con le foglie cadenti dai mille colori...
il gelido inverno con il suo candore.

Tra pieghe e fessure nascoste, i segreti, le rinunce...
le parole non dette... Il tepore di un abbraccio,
il freddo di un addio, i cangianti colori di un tramonto.

Il limpido mare...
con lo sguardo rivolto all'orizzonte
in attesa che spunti ancora il sole,
identico...
ma sempre diverso,
come sono le stagioni del cuore.

IL TEMPO DI IERI

Non volevi crederci che il tempo è gran nemico,
ti lasciavi incantare dalle sue promesse così allettanti...

Lo tenevi a braccetto il tempo, mi dicevi,
e prendevi in giro la logica e i discorsi conditi dalla mia
razionalità.

Non volevi crederci, perché alla ingenuità del tempo ci credevi...
È tutto sotto controllo mi spiegavi... e sorridevi.
Ma il tempo è un bel villano...
si veste da gran signore e poi scompare lasciandoti la mano.
Non l'avevi calcolato?

Il tempo non ha memoria, sa solo guardare avanti...
non ha rimpianti.
Al primo cedimento ti sei voltato indietro e non l'hai più
trovato...
Il passato è ormai andato...
quel che è stato è stato... Ieri si è congedato!

IL SILENZIO DELLA SERA

Tutto intorno è penombra
o fioca luce dei i lampioni.

Le anime sono andate via...
ognuna rintanata nelle proprie case
e fuori si respira un'aria fine.

Vien voglia di lasciarsi cogliere da tenui pensieri
e farsi trasportare chissà dove come piume al vento.

I grilli non ci sono più.
Tutto tace...
in questa sera di settembre.

INFINITAMENTE

Mi sei accanto, in tutti i miei giorni,
ad ogni mio passo, ad ogni respiro,
nelle tortuose svolte dell'esistere...
Mi tendi la mano...
Mai così vicini i nostri cuori che vibrano all'unisono;
figli della stessa sostanza.
Due anime che si cercano, si toccano,
si abbracciano, si fondono.

Un passionale tango dagli attimi eterni,
fissati sulle diapositive della vita
che implacabile scorre...
Una danza, una sincronia di passi
ora delicati, poi arditi...
Un groviglio di sentimenti che salda il cuore e la mente quando...
dopo i silenzi, gli screzi e le attese,
mi dici di volermi bene infinitamente.

FIGLI DELLA STESSA MAREA

Li hai lasciati lì, senza forze, inermi,
solitari tra viandanti distratti.
Un caso? Il destino? Il fato?
Bambini troppo esili, scarniti,
affamati, consumati, ignorati.

Occhi che guardano nel vuoto,
sguardi spenti, gelidi come lastre di ghiaccio
su questo mondo infame che li ha abbandonati...
ma quel mondo, ahimè siamo noi;
noi… figli della stessa marea.

APPARENZE

Nell'assurda frenesia,
gli svelti passi tra la gente,
le parole…
ci si scontra, per qualsiasi cosa o niente.

Come sopra un palcoscenico
tutti recitano una parte,
anche stasera... non si recita a soggetto!

Ci si vede, ma non si guarda.
Ci si ascolta, ma non si sente
Tutto in superficie...
E il tutto scorre per salvare le apparenze.

LA FORZA DEI DESIDERI

Sale un desiderio in cima ai miei pensieri
quel che non era importante ieri
ora picchia con tutta la sua forza.
Non ascolta ragioni, vuol sfondare quella porta!

Giaceva nascosto come fuoco sotto la cenere...
era solo calore, qualcosa di incorporeo,
un vago disegno della mente.

Si dirada poi la nebbia,
è così che mi accarezza...
mi lusinga con le sue moine e poi in punta di piedi...
si materializza.

PRESUNTA INDIFFERENZA

Forse non ho capito niente
o magari troppo dei tuoi silenzi.
Fa male questa presunta indifferenza.
Ed io lì a interpretare
qualche tuo cenno
o solo un segnale...

E ogni volta a scavare
in quest'anima violentata
che non ha più forza alcuna.
Ormai un fiore calpestato,
un passero dalle ali spezzate.

Ma, non vi sarà alcuna resa
nel mio infinito cercare.
Cadrò, e mille volte mi rialzerò.
Non ti lascerò andare
solitario in quel tuo vagare.

... E, se qualcosa mai morrà
è la forza dell'amore che sia gioia o dolore.
È quella speranza che grida forsennatamente...
Nulla di più certo, mi sei entrato dentro.
La verità è che ci apparteniamo
in questa presunta indifferenza dallo spietato tormento.

CI SEI

Nei giorni tortuosi della vita mia,
tra una caduta ed un incedere,
negli impervi sentieri del quotidiano scorrere...
Tu ci sei...

Non soltanto nei miei ricordi
o nei rimpianti di decisioni mai prese
come semi spazzati via dal vento,
sradicati e trasportati un po' ovunque,
senza direzione né meta.

Ci sei... ad ogni mio passo...
in ogni mio dove... tu ci sei.
Nei miei capricci da bambina,
nelle ansie di un'adulta... ci sei.

Sei tu quel punto fermo,
quel faro, quel riferimento...
Sorvegli, mi osservi, da lontano mi segui...
anche quando pensi che io non io non vedo,
non osservo, non ti seguo.

Un giorno con un po' di timore e quasi fosse un peccato...
ti ho confidato: Se tu ti sposti io cadrei... qualcuno ha detto...
E tu, sorridendo, hai composto un verso:
"Non ascoltare tutto ciò che ti dice la gente
… Io per te ci sarò sempre."

L'URLO DEL SILENZIO

Non posso scrivere per sciogliere questo nodo
che serra lo stomaco e la gola,
che stringe e costringe fino a soffocarmi
lasciandomi esanime... senza fiato.

Non posso scrivere...

E indugio attonita
di fronte a quel bisogno ardente di esternare
che è stato ucciso, violentato,
non compreso, calpestato...

Rimane l'urlo di un silenzio che grida muto.

CUORI IMPAVIDI

Sospesi... tra fronde di alberi eterei
sibili di vento narrano arcane storie di cuori impavidi,
guerrieri di luce, affamati d' amor vermiglio
come soldati asserragliati di trincee.

PROMESSE

... E resto qui a guardare l'orizzonte... quando,
scolorandosi l'aurora,
s'adagiano sul manto cristallino riverberi di luce,
diafani come promesse di un sol canto
dove, nel nuovo giorno, si fondono i sospiri di
due cuori
che si appartengono.

ALL'IMPROVVISO

All'improvviso, qualcosa di imprevisto
sovrasta il cuore e blocca il respiro... non esiste spiegazione...
Un impulso sconosciuto chissà da dove...
L'avevo immaginato diverso questo momento
eppure adesso sono qui, con lo sguardo sgomento.

Un'emozione grande... ed io che non riesco più a parlare...
le mie idee se ne stanno in silenzio... sembran tornate bambine...
E' proprio vero che le aspettative sono sempre un po' birichine!

Vorrei custodirlo questo sentimento,
difenderlo, proteggerlo come fa una mamma col suo piccino...
ma non è questo il tempo di lasciarsi prendere dal tormento.
Oggi c'è il sole ed è come primavera...
lasciamoci tutto il "nero" e godiamoci questa leggiadra atmosfera!

FIUMI NELLE DIGHE

Abbarbicati ai ricordi, chiare e dolci,
le immagini di noi...
di quei tempi ormai andati,
dei ti amo sussurrati, al cielo innalzati...

E... chissà, il mare complice non ha dimenticato
di quell'amore dai baci rubati, delle corse a perdifiato...
di quella spiaggia mai più ritrovata...
sempre viva, dal cuore raccontata.

Forse un treno già passato, un biglietto di sola andata...
E... tu che leggi tra le righe, non hai dimenticato...
Ci si inganna... tutto scorre?
Siamo fiumi nelle dighe, ci lecchiamo le ferite...

COME QUERCIA

Il vento premerà contro,
rimarrò saldamente attaccata alle radici
dove fiere
s'innalzano le mie certezze.

L'EFFIMERO

Ieri non è più... oggi è già domani...
Spesso le ore diventano attimi fugaci
come un sogno che non si ricorda
risvegliandosi al dì.

CONCHIGLIE DI MAREE

Adagiate sulla riva, dalle mille sfumatur di rosa,
conchiglie sparse di maree.

Scie di vento all'orizzonte raccontano sospiri.
Quando il cielo imbianca, sospesi dalla luna piena,
tacciono i ricordi...
sigillati in quella segreta radura in fondo al cuore.

E i battiti rallentano esplodendo al varco di
un'alba nuova
dove già rinasce il giorno.

IL FILO DEI RICORDI

Quando non avrai più sguardi né sorrisi per me
ed il buio entrerà prepotente nelle mie stanze;
quando non ascolterò più
la melodiosa armonia delle tue parole
e la mia anima gronderà lacrime amare,
mi chiuderò in un accorato silenzio
lasciando il mondo fuori con tutti i suoi rumori
per ascoltare raccolta i miei pensieri.

Quando dopo la notte
non spunterà più nessun'alba
sull'orizzonte del mio domani
e non ci saranno danze
ad allietare il mio cuore,
ti cercherò sul filo dei ricordi
dove sempre magica e dolce
sarà ogni immagine di noi.

IL VUOTO DELLE MIE PAROLE

E non stupirti di questa rabbia che non m'appartiene
perché la vita scorre e sembri aver perso la meta...
Riempi i tuo tempo senza più sperare in un domani migliore;
e fai di tutto per non pensare a ciò che ti fa male.

Grigi, monotoni, tutti uguali i giorni che sta lì, muto a guardare ...
sospeso... Inquieto questo tuo vagare.
T'illudi, t'inganni di poter bastare a te stesso
ma lo specchio non mente in nessun suo riflesso...

E, se nessuna delle mie parole
può toglierti l'angoscia che imprigiona il tuo cuore,
allora, ti prego... non chiedermi perché…
in un sofferto tacere ora mi ripiego.

NON SO SE TU LO VUOI

Oggi come ieri,
con i dubbi nei pensieri...
Le mie mani tese
a cercar le tue...

E il tempo scorre dietro quelle finestre
che son le vite nostre.
S'incontra tanta gente... e il vuoto non si colma,
ogni cosa è come niente.

Noi, naufraghi lontani in questo mare
che ci fa sospirare...
forse una marea, un temporale... e torneremo uniti,
magari più di ieri.

Coi ricordi tra le dita il cuore in gola... è tutto una salita.
E dietro i silenzi arriva la conferma a quella mia domanda...
Non so se tu lo vuoi… ancora ed ancora lo vorrei... rispondi.
I tuoi desideri sono i miei.

PROPRIO UN ADDIO

Non tornerò col cuore in gola,
a ripercorrere sentieri già battuti
con i se e i forse di allora...
...A sperare che si tratti solo di semplici distrazioni...

L'amore incolto non può attendere,
né vivere nell'incertezza di un domani.
Conta solo il qui ed ora, il vero,
il concreto, un gesto sincero.

E non starò qui ad interrogarmi ancora...
Non c'è odio, né rabbia o rancore nel mio cuore...
solo un'amara, fredda constatazione:
la fine del tuo amore.

E, se rimane ancora il bene...
non è vano...
ma il mio è proprio un addio
con il cuore in mano.

PIÙ DI IERI

Sfogliando l'album dei ricordi tra foto sbiadite,
altre sgualcite... la tua immagine...

Oggi più di ieri con la nebbia tra i pensieri.
Naufraghi infausti sopra questo mare
che non sa più ascoltare.

Anime alla deriva ci areniamo sulla riva...
Oggi più di ieri tra gli impervi sentieri.

Controcorrente,
con il cuore che non sa tacere
ed il vuoto nella mente.

Gli stessi desideri...
siamo noi mai orgogliosi e fieri oggi più di ieri.

SCRIVIMI

Scrivimi, per lasciare parlare i tuoi pensieri,
per rendere chiaro tutto ciò che non è intelligibile.

Scrivimi, con lo stesso ardore di ieri,
con i desideri nei pensieri.

Scrivimi, dei tuoi se e dei tuoi ma...
di ciò che senti e non hai il coraggio di palesare...
dei giorni bui e di quelli in cui resti lì, fermo, a sperare...
Di quel "noi" ormai andato, di quel sogno sconfinato...

Scrivimi, dei tuoi silenzi,
dei tuoi sguardi che sanno d'infinito...
scrivimi, ora,
soltanto di te.

VEDRAI...

Vedrai che il sole sorgerà ancora e sarà più luminoso del solito.
Con il suo tepore ti coccolerà e scaccerà via ogni perplessità.

Vedrai che la vita con i suoi regali ti sorprenderà,
ti accarezzerà...

Ti aspetterà quell'alba che sogni con i suoi mille colori,
quelli dell'arcobaleno, con le sue sfumature.

Ti affaccerai al balcone del tuo domani e contemplerai quel miracolo...
e tu... tu sarai lì con un sorriso e tese mani.

TI ABBRACCIO

Ti abbraccio per sentirti accanto
quando dentro me
imperversa il temporale,
quando la distanza
non si può colmare.

Ti abbraccio
con il cuore e con la mente
come se non fosse cambiato niente,
come quando i respiri e i tuoi baci
si univano ai miei.

Ti abbraccio nel silenzio del mio mondo
che stride con tutto il caos intorno.
Ti abbraccio anche oggi
che il tuo abbraccio non è per me,
perché qualcun' altra abbraccia te.

NOMADI

... E vorrei regalarti questo silenzio,
abbracciarti,
tenendoti stretto a me.

Vorrei farti ascoltare il mio cuore
per spiegarti quel che la bocca mia non vuole.

Di tutto questo frastuono ci si ubriaca di continuo,
anestetizzando ogni singolo pensiero... lontano e vicino.
Come nomadi di pensieri solitari tra la folla...

NEI MIEI SOGNI

...E ti vengo a cercare come quando da bambini giocavamo a nascondino… lì dove tutto è astratto e incorporeo.

Io e te in quel nostro tempo come in volo...
Sfidavamo il vento...
E ti vengo a cercare e tu, ti lasci trovare...

In quei miei sogni dove corriamo insieme mano nella mano...
mi vieni incontro, mi abbracci e mi sollevi... piano.

HIC ET NUNC

Dove dimora il domani
a noi non è concesso sapere...

Come si dipanerà la matassa,
quali disegni si sveleranno
è solo un lontano mistero.

Ieri è andato via
con i momenti tristi e l'allegria...

Oggi è qui con le sue richieste
apriamo il cuore
e dell'anima le finestre.

Cogliamo l'attimo
perché non sia già troppo tardi
per dire e fare tutto ciò
che persone migliori
ci rende senza inganni.

Albeggerà, così, sempre un nuovo giorno
dove trionferanno l'amore ed il sentire,
un punto fermo
in tutto il divenire.

IL VIAGGIO

A volte spinoso,
con i suoi sentieri incerti,
ripido...
arso dal sole o intirizzito dal gelo...

Altre placido e composto,
quasi rassicurante
come un gesto d'affetto,
un ricordo che conforta...

Spesso arcano
con i suoi vedo non vedo,
la nebbia all'orizzonte
che incuriosisce e spaventa...

...E la ricerca non è mai finita.
Meraviglioso
questo viaggio
che chiamiamo vita!

...MAI

Non finirà quest'eros che ubriaca di continuo
questo nostro cercarci se lontani o vicini.
Immenso questo bene che non riesco a
contenere...
traboccante di quell'essenza mia e tua: il noi…
Quel noi battagliero che non ha timore alcuno,
che attende e che mai... mai si arrende.

IL RESPIRO DELL'ANIMA

... E respiro... fino in fondo
quasi a voler ossigenare anche l'anima
che richiede cure e attenzioni,
che necessita d'amore.

Mi sorprenderò a guardarmi con occhi nuovi
per scoprire quei particolari
che sconoscevo...

... Per percorrere quelle strade
dove non osavo,
dove il mio sguardo oltre non andava.

Mi scoprirò ad osservarmi diversa,
a sentirmi e vivermi affacciata ad una nuova finestra,
dove l'orizzonte
non è più lo stesso.

Ascolterò quelle voci per troppo tempo taciute
che ora esplodono, come fuochi d'artificio...
in quel profondo… respiro dell'anima.

NEL MIO INVERNO

Sembra eterno quest'inverno
che non dà tepore alcuno,
nemmeno in quei flebili raggi di sole
che timidi entrano nelle stanze ormai vuote.

Un palcoscenico deserto, asciugato dal gelo
che implacabile distende il suo sipario
sulle cose e nell'anima...

Un orto incolto rimane di questo lungo viaggio
dai ricordi lontani, malinconici...
e dal presente offuscato dall'incertezza del domani.

Son viva solo a metà in queste ore
dove l'assenza è più presente
dove l'attesa non vale niente.

La fantasia non s'inventa...
per oggi voglio stare spenta!

NON LASCIARMI ANDAR VIA

E questo silenzio che trafigge il cuore...
Non odo più alcuna parola...
I tuoi pensieri mi sono distanti.

Ho qui un nodo che prende il cuore e la gola
un gelido vento senza alcuna pietà
mi attraversa il ventre... uno squarcio a metà

di quest'anima sola che inquieta s'aggira
tra i percome ed i perché di una storia infinita,
a volte in discesa altre volte in salita.

Resta con me, fa tornare l'alchimia
parlami, raccontami di te...
se ancora t'interessa il mio amore,
se hai bisogno di me...
non lasciarmi andar via...
perché anch'io ho bisogno di te.

MI TROVERAI QUI

Con gli occhi rivolti alla sera
mentre trascolora il cielo e l'ultimo bagliore
imbianca l'orizzonte diafano come cristallo,

seduta ad aspettare, ti accoglierò nel mio mare
come madre che ama di un incondizionato amore.

E, allora, non serviranno parole per porre rimedio
alle ferite del cuore.

SE LO VORRAI

Ti narrerò la voce del mio mare
in questo silenzio
che schioda le parole...
ad una ad una le saprò raccontare...

Accarezzandoti ti prenderò per mano
per medicare ferite
lungo la via delle promesse tradite.

Riscopriremo l'amore
sigillando le nostre anime
strette strette al cuore.

In noi non abiteranno distanze,
grideremo al mondo tutto il bene
innalzando al cielo mille bandiere.

Liberi danzeremo insieme nell'abbraccio dell'amore
proprio lì, dove cielo e mare si fondono in un unico colore.
Una sola anima, un solo cuore... rimarremo uniti più che mai,
come in quel sogno che a lungo bramai.

DIAMANTE

Nascosto ad occhi indiscreti,
custodito come il più prezioso...
Un diamante luminoso,
unico… più che raro.

Chiuso a chiave,
accudito come un bimbo... ignaro...
da proteggere... accompagnare,
sollevare...

Sei tu, amore mio:
una cosa grande... grande quanto il mare...
che mi fa sospirare... nel nostro cercarci,
nel nostro sperare...

CHISSÀ SE MI LEGGI

Adagio la penna scorre sul foglio bianco...
indugiando appena.
Quelle parole che bussano all'anima
disegnano i sogni... dove...
ci siamo sempre noi.

La fiamma che arde di te...
mai, si arresta questa forza che travolge...
come un fiume che corre verso il mare.

E se, nei tuoi giorni di solitudine, hai creduto di tradirmi...
non pensarci...
hai ingannato solo la tua fantasia,
e non quel desiderio di noi, che mai muore,
che non trova quiete.

Chissà se mi leggi… amore...
tra i tormenti del cuore.

TRA LE RIGHE

Lontani i nostri occhi...
conservano le immagini di ieri,
fotografie dove si rifugiano i ricordi
nei giorni bui, tempestosi...

Saldo rimane quel nostro continuo cercarci,
l'esserci l'un per l'altro
nelle salite della vita.

E ci si scruta anche a distanza
per rinsaldare e curare quell'amore
che morir non vuole.

Ci si stringe con la mente,
in disparte, silenti.

Due anime affini che non han bisogno di parole
si ascoltano, come il dolce suono del vento
che s’insinua tra le spighe...

sembra portare consigli a noi amanti guerrieri
che ci leggiamo tra le righe.

SENZA PIÙ TREMARE

Zolle farraginose arse dal sole cocente
delle implacabili calde stagioni...
deserti assetati i discorsi tuoi del se e del poi...
un terreno incolto, derelitto, ormai negletto,
sulla mete mie, azzurre, luminose, diafane...
Come il bianco e il nero, la notte ed il giorno,
il freddo ed il caldo...

Contrari, opposti, distanti come terra e luna.
Quest' apparenza che ti ostini a celare
di fronte ad una verità evidente.
Dietro quel tuo sguardo, i tuoi silenzi...
sembra non esserci niente.

Ma io lì che leggo... le ragioni di questo tuo tormento...
E rimani ad aspettare lì…
nel punto dove cielo e mare
si congiungono all'orizzonte...
senza più tremare.

CATARSI

Scriverò, come ogni volta che qualcosa accade
per non lasciare che certe realtà facciano così male...
Scriverò, per non pensare a ciò che di te ancora non conosco
e che mi fa paura così tanto da lasciare senza fiato
anche il pensiero più riposto.

Scriverò di getto per non correre il rischio che le parole affiorate
possano lasciare il posto a metafore forgiate.
Scriverò per lenire le ferite di una verità bastarda
che cruenta senza preavviso,
ha svelato la sua veste beffarda.

Scriverò per non pensare che la sofferenza ti ha inghiottito...
proprio lì dove il mio amore ha fallito.

ANGELI DEL SIGNORE

Silenziosi si nascondono tra la gente.
Con gesti pacati, semplici, hanno un sorriso accogliente.
Non si mettono in mostra,
sembrano sceglierti per usare il loro arco incantato,
quello dell'amore dove le frecce colpiscono dritto dritto al cuore.

In punta di piedi, senza alcun rumore
sono dietro e poi improvvisamente alla tua destra,
pronti a sorreggerti ad ogni tuo cedere,
ad allungarti la mano,
offrendoti quell'antico aiuto che pare venire da lontano.

Al di fuori di qualsiasi terrena comprensione
con il volto etereo non chiedono nulla
se non espletare la nobile missione...
Un abbraccio universale, accogliente che mitiga la sofferenza…
di quelle ore...
Sono Angeli inviati dal Signore.

SE TI DIMENTICHI

Ti ho scorto distratto, con i pensieri rivolti chissà dove,
persi dietro misteriose foschie,
come una giornata di nebbia, uggiosa.

Le distanze paiono allungarsi
seppur in questi giorni
si avverte ancor di più la conferma di quel "noi".

Strano... come ci si possa sentire uniti
pur non sfiorandosi neppure.
Due anime che si toccano e si abbracciano
son destinate a saldarsi,
a fondersi.

Lì, in quell'astratta dimensione paradossalmente concreta
non ho bisogno di domandarti, di spiegarti.
... E se ti dimentichi di me nella realtà del quotidiano scorrere
e non oserai cercare...
so già che in quell'oasi mi saprai ritrovare.

QUEL TUO CERCARMI

Le lunghe attese in cui vorrei che il tempo cavalcasse le ore
che trascorrono lente...
Le stesse... che sembrano divertirsi, giocare,
quasi a prendermi in giro...
sfidando la mia costanza,
la tenacia nel rimanere fedele a quel punto fermo...

Non ascolto l'orgoglio, che in me non alberga...
ma solo quella strana, prepotente necessità del tuo esserci;
quasi un'apnea fino al momento in cui la tua comparsa,
ossigena il mio animo dal più profondo, rinfrancandolo.
C'è che il tuo "Come stai?" diverso da tutti, dai tanti,
conferme mi dà che nessun'atra cosa
mi rende leggera come quel tuo cercarmi,
al di là di ogni realtà.

QUASI IN SILENZIO

... E come temporali torneranno quei giorni,
lunghi, amari... ad offuscare il sereno.
Come cenere leggera si adagerà la nostalgia
celata da una sofferenza antica,
sempre viva, mai sopita.
E quando, solitario, scorrerà il tempo,
mi troverà lì ad aspettare, quasi in silenzio...
Osserverò i tuoi passi che non saranno più soli...
Mi guarderò allo specchio consapevole di una
colpa tutta mia…
perché quasi in silenzio ti ho lasciato andar via.

SOLO UN BATTITO D'ALI

Ad uno ad uno come petali trasportati dal vento,
attimi fugaci si stagliano all'orizzonte
ed in un cielo terso ammantato di stelle
s'illuminano fieri come promesse.

IL NOSTRO DOMANI

Ed è bello riscoprirsi ancora a progettare...
Ci sono attimi in cui sembra che il tempo si sia
fermato e che nulla sia cambiato.
Eppur i mesi son passati, così gli anni.
E noi siamo quelli di ieri dai pensieri liberi, fieri,
quelli che il mondo avevano in pugno,
che non temevano alcun disappunto.
Ricordi distanti e pur al cuor così vicini...
È come un eco che arriva, col suo suono, da
lontano.
Nulla è perduto se ancora insieme aneliamo
tenendoci la mano.

CORSI E RICORSI

Anche questa volta ti lascerò sbagliare,
invisibile, con quel nodo in gola
rimarrò in disparte a guardare.
Lascerò ancora il vento asciugare la pioggia
e il tempo lenire tutte quante le ferite...
Corsi e ricorsi... la storia si ripete
indugia il mio animo senza ormai più quiete.
Anche questa volta ti lascerò sbagliare,
flebile la voce...
quasi un urlo muto ma non vi è più senso
in questo mio cercare.
Dio solo sa quanto ti vorrei abbracciare,
basterebbe un solo cenno, un segnale...
ma è forse troppo tardi per ricominciare.

QUASI LA FELICITÀ

Mai, fugace illusione questa luce che l'animo tuo pervade
e che alleggerisce il cuore,
dove come in stanze buie prima non entrava il sole.
Afferrala… prima che scappi via scivolando come sabbia tra le dita...
Inganna il tempo che non è più padrone.
Raccontale di attimi eterni che allietano il cuore di adulti,
uomini che giocano come fossero bambini.
Lasciala colorare le fredde stagioni,
sarà un arcobaleno che non ascolta ragioni.
Chiamala col suo nome questa serenità
che non è poi cosi lontana dall'agognata sorella felicità.

PERSONE VERE

Rare come perle, sono di poche parole,
quelle sagge, vere... che riempiono il cuore.
Hanno gli occhi limpidi, lo sguardo profondo,
luccicante come il mare...
ci si potrebbe tuffare...
Un oceano sconfinato il loro cuore che dà e mai chiede.
Angeli del Signore inviati da chissà dove…
per noi che ci affanniamo spesso inutilmente.
Sono loro che rimangono in piedi in mezzo a tanta gente...
non hanno paura di niente.

VIANDANTI

Come stazioni deserte sono i cuori solitari
di stanchi viandanti dimenticati dagli altri...
Altri... con i loro affanni,
i loro tran tran, i mille perché.
Altri che inseguono cosa, chi?
Altri, risoluti ma illusi per questo domani dalle tante promesse...
Si scontrano, si adirano, s'ingannano, annaspano per cosa, per chi?
Fingono, indossano maschere ma l'idillio non c'è...
non c'è dietro un abito nuovo, un posto di spicco,
un costoso caffè...
Come stazioni deserte sono i cuori solitari degli altri
ai quali invisibili sono gli stanchi viandanti
che cercano lo sguardo dei tanti...
La stessa stazione, lo stesso via vai …
ma il cuore dell'uomo facilmente ammaliato
da baluardi e false chimere,
sa già che siamo tutti viandanti e fratelli della stessa divinità.

NEL NOSTRO OCEANO

Silenti, quei sospiri taciuti,
nascosti a occhi indiscreti
quasi a giustificarsi di una colpa...
ambigua...

Ci stringiamo in quest'assedio
col coraggio mai scontato... trionfanti di noi...
guerrieri armati solo d'amore
in questo nostro immenso scorrere,
sgombro da ipocrisie
che ci ubriaca di continuo.

Non si riesce a tradire questa nostra fantasia.
solo i tabù...

E riaffiora prepotente il desiderio di viverci,
attingendo e poi saziandoci nel nostro oceano… grande.

BEFFARDO DESTINO

Dove conduceva quel sentiero dai contorni sfumati?
Ieri sembravano forme ed ombre di orizzonti sconfinati...
un giaciglio per le nostre anime unite, come il primo giorno...
mai stanche ed ardite.

Un cielo che abbracciava il mare in quel punto indefinito...
coi suoi luccichii... Riverberi di luce argentea coi bagliori
dell'infinito.
Una sinfonia intrisa di cangianti colori.

Il disegno aveva dei contorni sfumati...
e nessuno immaginava che era solo un miraggio, un fulgore.
Da lontano m'ingannava la vista... pareva eccezionale,
quasi una favola, un eden...
era invece un'isola maledetta... nessuna melodia perfetta!
Solo il violento sciabordio delle onde di un oceano in tempesta...
un rantolo sordo, un vuoto, un oblio…
che ci imprigiona in questo, ora,
beffardo destino.

AUDACIA

È oggi...
tutto il resto è andato,
portandosi via gli impervi sentieri scoscesi...
Il buio si schiude all'albore, il gelo al tepore...

Note melodiose si irradiano eteree...
Non voltarti a guardare, l'orizzonte è lì, lo puoi toccare!
Cupi sono solo i ricordi di ieri
ora leggiadri e gaudenti sono i pensieri.

Distese verdeggianti abbracciano il guardo... s'anima il cuor,
rapito da suoni ed ebbri colori...
L'audacia si erge solenne, soltanto un istante...
e non sarebbe cambiato niente!

MAI ABBASTANZA...

Note di una melodia che accarezza cuore e anima,
come onde leggere del mare
si adagiano sulla riva
sostituendosi l'una all'altra
alternandosi nel valzer della vita,
fratelli di ricordi fluttuanti e prepotenti che mi hai lasciato...
dove ogni sera vado ad addormentarmi
per incontrare i tuoi;
quell'angolo di paradiso che pareva disegnato...
uno scenario rubato agli Dei
e noi complici di un destino ingrato...
Non è nostalgia di un tempo ormai andato
o rimorso per qualcosa che non è stato...
È il rumore dell'amore che con tutto il suo vigore
anela a quella speranza
per dirgli che di noi due non ne abbiamo mai abbastanza.

CONVERSAZIONE CON DIO

Quella preghiera con la quale dialogo con Dio,
dove l'unico conforto è quella sua carezza sul mio volto...
è quel messaggio di un amico, il disegno di un sorriso,
quella forza che non puoi spiegare
e che sgorga dal profondo,
all'improvviso.
E' un comunicare speciale dove non servono parole
ma solo quel sentire che avvicina
fino in fondo al cuore,
in quei giorni che vedo buio
ma dove sempre arde quella fiamma,
il fuoco della speranza.
Ti ho domandato,
e Tu come sempre hai ascoltato.
Mi rimetto al Tuo volere.
Pensaci Tu al mio bene!

INEZIE E NON...

Non temere del fragore dei tuoni e del cielo cupo
che sembrano preannunciare un temporale...
Della luce accecante dei lampi che paiono spade
conficcate nel ventre della terra.

Non spaventarti del mare in burrasca
che inquieto spadroneggia sugli abissi;
del vento impetuoso che ulula al di là dai monti rocciosi.
Non angosciarti del buio della notte
che disegna fantasmi dagli indefiniti contorni;
del verso del lupo lontano che annaspa tra rovi ed arbusti.

Rammaricati dell'indifferenza,
dietro la quale si cela l'arsura del cuore;
dell'animo sterile che non si pone domande,
incapace di donarsi, di regalare sorrisi.

Preoccupati del silenzio
che ferite nasconde dietro pesanti corazze;
dell'assenza di occhi traditi...
Dell'orgoglio che vorace divora cumuli di macerie
dove l'ancestrale amore naufraga
in assurde inezie e fantasiose intemperie.

SPERANZA

Tenue speranza...
forse è già domani
e luce sarà.

SOSPIRA PIANO

Sospira piano
decisamente muta:
una speranza.

FIRMAMENTO

Grande il cielo
immensamente vivo.
Notte di stelle.

CORAGGIO

Oltre l'orizzonte
ancora qualche ora
e non sarà più inverno.

PRENDIMI PER MANO

Portami dove il cielo è un orizzonte di pace
con le sue albe e i tramonti immacolati
dove si respira aria fine e le nuvole sono soffici guanciali
dove ci si può ristorare.

Accompagnami laddove il bene non ha confini,
dove il mare incontra il sole col suo tepore,
dove la nebbia si dirada e l'orizzonte si colora.

Avvolgimi in quel tuo caldo abbraccio
affinché le lacrime possano cessare
ed i cattivi pensieri dileguarsi.

Sussurrami quelle parole che riempiono il cuore
e dove il tuo amore è quel dolce balsamo
che cura ogni ferita della mia vita.

Fammi camminare appoggiata alla tua spalla
perché ad ogni mio cedere
possa subito rialzarmi.

Mostrami in lontananza quella luce
affinché possa uscire da questa buia stanza
e possa riaccendersi in me
la fiaccola della speranza...

HO VOGLIA DI CAMBIAR PELLE

Ho voglia di cambiar pelle per rinascere a nuove comprensioni,
per dar voce a questo strano sentire...
Come bruco che diventa farfalla... si trasforma... si evolve.

Ho voglia di ascoltare quella voce che fa capolino,
intraprendere finalmente un altro cammino.
Un passo, un salto e sento nascere già nuove energie...

Che sia un volere divino oppure un caso o il destino
poco importa se è il mio animo a condurre quell'alato cocchio...
chissà dove e perché...

Accoglierò quel richiamo che proviene da lontano.
Non indugerò sull'uscio, non avrò timore,
afferrerò la sua mano che mi tende piano.

Una grande energia, musica, armonia, un arcobaleno
che disegnando quel ponte nel cielo mi indica la via.
Un faro che illumina la vita mia.

Ho voglia di cambiar pelle, di lasciare il vecchio per il nuovo,
di sperimentare tutto ciò che ancora giace inesplorato
come all'inizio di un sogno non ancora "sognato".

SEI IMPORTANTE

Laddove i silenzi confondono
e agitano pensieri che rincorrono dubbi
trasformati in perché,
giungono i gesti tuoi
a dissipare nebbie e foschie
su quest'orizzonte dalle mute ore
che inquieto... si affanna a cercare di te.

ASCOLTATI!

Ascoltati nel più profondo dei suoi silenzi
lì dove l'anima bisbiglia al cuore
dove il tormento si fa calore.

Come fiume in piena scorre questa vita
che ha il sapore del sale sopra una ferita.

Ascoltati! Forse la corrente non è poi così forte
e se solo vuoi la puoi arrestare
questa corsa infinita che fa tremare.

Mi troverai su quella sponda, ti tenderò la mano,
vedremo uniti il miracolo del uovo giorno... si svelerà l'arcano.

ROSA BIANCA

Solo petali son rimasti
sparsi a caso
che il vento scompiglia ancora...
E quel profumo è solo un vago ricordo
catturato dal cielo
in un soffio d'infinito.

Finito di stampare
Nel mese di maggio 2014

Lulu Press
3101 Hillsborough St.
Raleigh, NC 27607 | U.S.A.

www.ingramcontent.com/pod-product-compliance
Ingram Content Group UK Ltd.
Pitfield, Milton Keynes, MK11 3LW, UK
UKHW020236250726
13967UKWH00001B/407

9 781291 897241